DES DEVOIRS

ET DES INTÉRÊTS

DES

LÉGITIMISTES

DANS LES CIRCONSTANCES PRÉSENTES.

Par M. le comte de Locmaria.

Paris,

CHEZ G.-A. DENTU, IMPRIMEUR-LIBRAIRE,

ruc d'Erfurth, n° 1 *bis*;

ET PALAIS-ROYAL, GALERIE VITRÉE, N° 13.

1834.

Les légitimistes ont compris toute l'importance de l'évènement qui se prépare ; ils inter-
viendront dans les élections : une déclaration l'a
fait connaître. Comment interviendront-ils ? La
déclaration ne le dit pas.

S'arrêteront-ils au vote ? Tout Français peut
intervenir ainsi. L'action extérieure n'est que
préparatoire, l'action intérieure seule est déci-
sive : pour exercer celle-ci, il faut voter.

I

Voteront-ils sans prêter le serment? En le supposant possible, ce procédé n'est ni juste ni utile.

Il n'est pas utile, parce que le but de la déclaration est de servir le pays, et non de le troubler; que, pour atteindre ce but, il faut produire des députés votans et parlans, et que ceux qu'on nommerait ainsi ne voteraient ni ne parleraient. La loi, muette dans quelques arrondissemens, retrouverait sa voix à Paris : il faudrait ou se passer de députés, ou recommencer l'élection.

Ce procédé n'est pas juste, parce que, si les électeurs à 300 fr. ont un droit antérieur à la déclaration du 7 août 1830 et au pouvoir qu'elle institue, ceux qui paient un cens moindre tiennent leur droit de la loi même qu'ils fouleraient aux pieds.

Les légitimistes attendront-ils, pour voter, que la condition du serment soit abolie?

Le serment électoral est prescrit par une loi, une loi seule peut l'abolir.

Qui fera cette loi? les députés : ils sont assermentés; les pairs : ils le sont aussi. Qui la sanctionnera? le pouvoir exécutif : on n'y pense pas.

Qui imposera cette loi? les électeurs : les trois quarts ont prêté le serment. Qui l'exigera? l'opinion : prise en masse, elle n'y attache aucune importance.

La déclaration des légitimistes parle d'union, et elle parle d'or; car l'union fait la force. Cependant, si ceux-ci votent selon la loi, ceux-là malgré elle, si d'autres ne votent pas, où est l'union?

Un immense intérêt presse les royalistes de se rallier à un système unique; un puissant obstacle les divise.

Cet obstacle est-il réel, ou n'est-il qu'imaginaire? c'est ce que je me propose d'examiner. Je vais traiter la question du serment électoral, et soumettre à la conscience publique les raisons qui déterminent la mienne.

DU SERMENT ÉLECTORAL.

Pour résoudre cette question, nous demanderons des conseils à la religion et à l'histoire.

Si nous consultons l'histoire, nous la verrons, lorsqu'elle juge les actes, s'occuper surtout de leur intention et de leur moralité.

Sans remonter aux temps anciens, nous verrons en France Brissac, maréchal pour la ligue et nommé par elle, ouvrir les portes de Paris à Henri IV; en Portugal, Jean de Bragance, connétable du royaume sous Philippe II, chasser l'usurpateur et rétablir la nationalité de son pays.

En Angleterre, nous verrons Monck, général de la république, aller avec son armée au-devant de la monarchie ; plus tard, les tories travailler dans le parlement au rétablissement des Stuarts ; Washington, officier du roi Georges, devenir généralissime de l'indépendance américaine ; et, dans notre pays, les plus beaux noms de la république, les Boissy d'Anglas, les Portalis, les Pastoret, les Camille Jordan, les Barthélemy, préparer dans le Directoire et dans les conseils le retour du gouvernement monarchique.

Que dit l'histoire ? nous-mêmes, que pensons-nous de tous ces hommes ? Dégagée des impressions contemporaines, la grande voix des peuples a-t-elle trouvé une parole pour les flétrir ?

Il résulte de ceci que le serment politique est au moins inutile, puisqu'il ne change ni la nature ni les effets de la puissance qui l'impose, et qu'eux seuls, en définitive, le consacrent ou l'invalident.

Consultons la religion.

Quel est son but en rattachant au second commandement de la loi de Dieu les promesses faites sous serment ? Évidemment d'y intéresser la conscience, et de leur donner par-là une plus solide garantie.

Mais quand la promesse faite sert de garantie à l'exécution d'un contrat, la religion n'oblige qu'autant que le contrat lui-même oblige ; car, si elle fortifie les obligations, elle ne les change pas.

Or, quel est le contrat politique des Français ?

C'est la Charte réformée, au-dessus de laquelle la république a mis son principe, au-dessous de laquelle la peur a mis un roi.

Aussi, le principe domine la Charte, la Charte domine la déclaration du 7 août et toutes les lois réglementaires subséquentes.

Le principe dominant, c'est celui de la souveraineté du peuple mis en action par la puissance électorale effective et prépondérante.

Cette courte exposition suffit pour démontrer l'inconvenance du serment imposé au pouvoir suprême par les pouvoirs subordonnés.

Mais si le sentiment de cette inconvenance discrédite la loi qui la consacre, il ne la détruit pas : c'est une sotte loi, mais c'est une loi ; c'est un abus, mais auquel il faut se soumettre pour le détruire.

N'opposons donc point le principe du gouvernement au serment qu'il exige, examinons à quoi il oblige : toute la question est là.

Et comme l'interprétation d'un engagement

n'appartient pas à la partie qui s'engage, mais à celle qui s'attribue le droit d'engager, demandons, non pas au pouvoir exécutif, mais bien aux trois pouvoirs qui ont fait la loi, si le serment personnel au prince est plus puissant, plus sacré que celui qui tend à garantir la Charte et les lois.

Il est impossible de répondre affirmativement à cette question : nous venons de voir que la Charte domine la déclaration du 7 août.

Il est donc inutile de demander si le serment prêté au chef de l'Etat peut détruire ou limiter les droits des Français, tels qu'ils sont établis par le contrat politique.

Cela posé, peut-on dire qu'un député, par exemple, soit obligé par le serment à ne rien proposer, et conséquemment à ne rien vouloir qui lui soit contraire?

Lisons le contrat, puisqu'il subsiste dans toutes ses parties, nonobstant le serment prêté au prince.

L'article 15 communique à la Chambre élective l'initiative de toutes les propositions. En vertu de ce droit, un député peut attaquer telle loi, tel article de la Charte, telle déclaration, sans reconnaître d'autre règle, pour l'examen de ce droit, que son opinion personnelle, d'autres limites que la volonté du plus grand nombre.

Dira-t-on qu'un pouvoir ne peut entreprendre sur l'autre, puisque le concours des trois est nécessaire pour valider une résolution, et qu'ainsi j'argue d'un droit illusoire? On se tromperait : trois ans ne se sont pas écoulés depuis que le pouvoir exécutif, dans notre patrie, a proposé et obtenu, au nom de l'opinion, un changement fondamental à la constitution de la pairie. Le gouvernement représentatif vit de précédens; partout où, d'accord avec l'opinion, deux cent dix-neuf députés seront réunis, une contre-déclaration est possible (1).

Mais il ne s'agit pas des effets du droit, nécessairement subordonnés aux circonstances et à l'opinion : il s'agit du droit en lui-même, et nous sommes convenus que le serment ne le détruit pas.

Or, le contrat politique permet d'attaquer telle loi à laquelle on vient de jurer d'être fidèle, puisqu'il permet d'en proposer l'abolition. Ainsi, non seulement l'attaque légale est permise après

______

(1) La Chambre des députés vient de reconnaître que le droit de pétition est absolu et sans limites. On peut donc discuter, dans la Chambre, tout ce qu'on peut demander du dehors.....

le serment, mais l'intention d'attaquer est licite au moment même où on le prête.

Alors, que signifie ce serment *prêté au roi des Français?* Il n'implique donc ni sujétion ni renonciation de principe? Sans aucun doute. Sujet veut dire : soumis au pouvoir qui gouverne.

La royauté de 1830 ne possède ni le droit exclusif d'initiative, ni le droit d'ordonnance : le gouvernement de l'Etat appartient aujourd'hui à trois pouvoirs. Si l'un des trois pouvait s'attribuer la domination, ce ne serait pas le pouvoir qui fait les traités, mais bien celui qui les refuse.

Il ne faut confondre ni les temps, ni les droits, ni les institutions, ni les personnes; il faut voir ce qui est, et non ce qui devrait être; il faut s'en tenir aux faits tels qu'on nous les impose. Il n'y a plus de monarque en France : le prince qui occupe le trône peut avoir des serviteurs, la loi seule a des sujets.

On peut donc prêter le serment au roi des Français sans s'assujétir, sans renier ses principes; car la loi qui n'atteint que les actes n'enchaîne pas les convictions; car la religion qui atteint la pensée ne la comprime qu'autant qu'elle tend à contrarier l'engagement constitutionnel.

Constitutionnellement, le serment au roi des Français oblige à l'égard de la personne, comme le serment aux lois oblige à l'égard des lois, ni plus ni moins.

Il n'oblige qu'en raison des fonctions et des devoirs que la loi y attache.

Or, le vote résumant toutes les fonctions de l'électeur, il s'agit uniquement de savoir quel devoir est attaché à cette fonction. Il se borne évidemment à nommer un député qui n'ait pas manifesté l'intention d'outre - passer ses droits constitutionnels, soit à l'égard de la personne du prince, soit à l'égard de la Charte et des lois.

Quelle est maintenant la limite de ces droits? Nous l'avons dit; le droit de proposition embrasse tous les intérêts généraux, l'exercice de ce droit ne dépend que de l'opinion et des circonstances. Comme l'opinion a ses écarts, elle a ses retours heureux; reine de droit et de fait des pouvoirs qu'elle a permis, elle seule domine, et son trône ne vaque point.

DES CONSÉQUENCES DU SERMENT ÉLECTORAL.

Prêter le serment à l'ordre politique établi, c'est le reconnaître, dit-on. Assurément. Mais, assermenté ou non, comment ne pas reconnaître un fait qui enveloppe tout, qui pèse sur tous?

Vous refuserez-vous aux fonctions municipales,

aux grades les plus inférieurs de la garde nationale ? Vous abstiendrez-vous de toutes les charges qui, pour être achetées et indépendantes, ne sont pas moins soumises au serment ? Renoncerez-vous aux droits de propriétaires plus imposés ? Vous éloignerez-vous des conseils de fabrique, des comités de surveillance, des bureaux de charité, qui obligent à pétitionner ou à jurer ? Enfin, vous croiserez-vous les bras, déterminés à refuser à la patrie le moindre service ?

Au moins, vous ne refuserez pas la justice ; au nom de qui est-elle rendue ? vous ne refuserez pas vos fils au recrutement ; qui est le chef suprême de l'armée ? vous ne refuserez pas le service de la garde nationale ; qui en nomme les supérieurs, qui la commande et la passe en revue ? vous ne refuserez pas l'impôt : c'est une charge sociale, direz-vous ; sans doute, mais qui soutient l'ordre politique, qui alimente la liste civile comme la justice de paix.

Si vous demandez la réforme électorale, le maintien de vos évêchés, l'abolition même du serment, vous pétitionnez ; donc, vous reconnaissez. Que votre pétition soit adressée à un pouvoir simple ou collectif, qu'importe ? l'origine de tous les pouvoirs actuels est de la même date.

Quoi qu'on en ait, il faut reconnaître, ou vendre son bien et s'expatrier. Le serment implique-t-il adhésion ? Adhérer, c'est s'unir, s'attacher, confirmer ; or, vous attachez-vous ? confirmez-vous ?

Comme les Arragonais, vous prêtez le serment au prince, sous condition ; vous le prêtez pour obéir à une loi qui a mis cette entrave à la défense du pays ; vous le prêtez pour juger, non pour servir ; et vous dites hautement votre pensée, parce qu'en principe la loi permet tout ce qu'elle ne défend pas.

Comment donc prendre pour une attache la volonté légalement exprimée de demeurer libre ?

Le serment n'implique pas non plus confirmation ; car, s'il en était ainsi, les mauvaises lois seraient inattaquables : elles seraient confirmées et garanties par le serment. Nous venons de voir qu'il n'en est rien.

Les légitimistes ont subi la révolution avec ses institutions, ses inconséquences, ses charges et ses dangers ; ils ne l'ont point faite : ils acceptent aujourd'hui un fait accompli ; ils ne le confirment pas.

Pourquoi le parjure est-il justement flétri par la religion et l'honneur ? Parce qu'il implique l'idée de la déloyauté et du mensonge. Or, je le demande, trompez-vous? mentez-vous? feignez-vous un zèle déloyal, une sujétion perfide?

Après comme avant le serment, vous pouvez marcher le front haut; car vous ne l'avez pas masqué.

Qui donc retiendrait votre vote? une vive répugnance? je la comprends. Sans doute on songe au serment lui-même, plutôt qu'à ses obligations; on se préoccupe des personnes qui passent, plutôt que de la patrie qui reste; on oppose le passé au présent, quand il ne faut songer qu'à l'avenir. Cependant, si cette répugnance peut résister aux sollicitations de la politique, elle doit céder sans doute à une voix plus puissante, à la grande voix du devoir.

LE VOTE ÉLECTORAL EST-IL UN DEVOIR?

Nous venons de le dire : les légitimistes n'ont point fait la révolution, ils ne l'ont point provoquée. Il serait absurde d'imputer à tout un parti un coup d'État conçu et signé à huis clos.

Cependant, cette révolution, en proscrivant leurs principes, n'a ôté aux royalistes ni leur qualité de Français, ni leur état de propriétaire, ni les droits attachés à leur propriété.

Français et propriétaires, ils acquittent l'impôt de l'or et du sang; électeurs, ils votent, ou ont le droit de voter.

La société impose des devoirs qui concèdent des droits; elle accorde des droits qui imposent des devoirs.

Ainsi, des charges personnelles résulte, pour les Français, le droit d'être protégés; du droit électoral résulte le devoir de l'exercer.

Mais le droit électoral étant attaché au sol ou à l'industrie, pour y renoncer il faut céder son industrie ou son bien; car l'Etat ne peut être arbitrairement privé du concours d'une seule voix utile. Si donc on conserve l'électorat, on est électeur, qu'on le veuille ou non : à ce titre, on est inscrit d'office sur la liste des votans; on peut voter, et on doit le faire.

Dira-t-on que le droit électoral étant tout politique, on peut, sans manquer à ses devoirs sociaux, se dispenser de le remplir ?

Il n'est pas possible d'isoler l'ordre social de l'ordre politique; l'état actuel de la société française le prouve de reste.

Quelle est la base de l'ordre social ? La religion, sans doute. Or, c'est la loi politique qui règle ses rapports avec l'Etat; c'est la loi de finances qui entretient son culte.

Qui fait la loi, cependant? les députés. Qui nomme les députés? les électeurs.

Si donc la base de la société peut être ébranlée par une mauvaise loi, prétendra-t-on que le droit de s'y opposer n'implique pas un devoir social?

Ceci se peut dire de la justice, de l'éducation, du mariage, de toutes les lois qui intéressent la famille ou la propriété.

Jusqu'à ce jour, les légitimistes ont trouvé dans les prétentions mêmes de leurs adversaires une excuse à leur inaction; ils leur ont abandonné pendant quatre ans le champ électoral et le gouvernement. L'épreuve n'est-elle pas assez forte? N'est-il pas temps de mettre un terme à cette dangereuse réserve? C'est ce qu'il faut examiner.

DE L'ÉTAT DE LA FRANCE.

Commençons par les chiffres.

Je ne sais ce que sera l'année qui court, encore moins celle qui vient; je ne puis apprécier que les exercices clos. Tenons-nous donc au passé.

Le gouvernement du 9 août a consommé trois budgets. Voici le détail de ses dépenses:

En 1831.	1,214,000,000 fr.
En 1832.	1,175,000,000
En 1833.	1,172,000,000
En trois ans donc. . .	3,561,000,000 fr.

Chiffre qui donne une dépense moyenne de 1,187,000,000 fr. par an.

Nous ne comprenons ici ni les charges locales, ni celles de la garde nationale et des étapes militaires, que la révolution a partout accrues.

Or, comme les propriétés rurales, urbaines, industrielles et commerciales ne produisent net que 1,963,000,000 fr., il en résulte que le gouvernement dépense au-delà des $^3/_5^e$ de la partie solide des revenus du pays.

L'impôt, toute compensation faite des réductions sur la boisson, n'ayant été augmenté que de 24,000,000 fr., c'est au crédit, aux rentes rachetées et aux bois de l'Etat qu'on a demandé les moyens de couvrir en partie l'excédent annuel de la dépense sur la recette.

Néanmoins, le déficit, sous le nom de *dette flottante*, peut être évalué cette année à 760,000,000f. Si nous avons égard aux deux budgets votés, ils s'élèveront à 900,000,000 fr. en 1836.

Pour subvenir à ces nécessités du gouvernement, il faut donc ou réduire l'amortissement, ou augmenter les impôts déjà énormes, ou élever la dette déjà menaçante.

Pour réduire l'amortissement, il faut être sûr de la paix; pour augmenter l'impôt, il faut être sûr du pays; donc on empruntera.

Quand on parlait au Directoire d'économies et de libertés, il renvoyait les réclamans à la paix; cette ressource manque au pouvoir actuel; il ne peut les renvoyer qu'à la guerre. Le terme est peu rassurant.

Un ministre annonçait, il y a trois ans, les économies par centaines de millions; un autre plus récemment annonçait un budget normal; aujourd'hui on n'annonce plus rien, et on a raison.

Entre la révolution de 1688 et la nôtre, tout diffère; les causes, le but, les moyens, les préservatifs; cependant, comme on se vante d'avoir imité l'Angleterre, comme on pense l'avoir fait, comme on se promet même bonheur qu'elle, comptons avec cette autre glorieuse.

Les ministres de Guillaume III étaient entrés aussi, et pour la même cause, dans la voie des emprunts; ils promettaient chaque année des économies au peuple. Savez-vous ce qui en fut?

La dette anglaise, au moment de l'expulsion

des Stuarts, ne montait qu'à la modique somme
de. . . . .   ⸱ 16,600,000 fr.

En 1727 elle s'élevait à .   1,300,000,000
En 1763, à . . . . :   3,500,000,000
En 1783, à⸱ . . . . :   6,500,000,000
En 1815, à   20,000,000,000

Sans préjudice de trente milliards de taxes
prélevées sur le pays depuis la mort du dernier
des Stuarts.

Cependant, suivez l'enchaînement des faits;
l'alliance qu'on s'efforce d'établir entre la France
et l'Angleterre, existait en réalité depuis soixante
ans, quand Guillaume d'Orange usurpa la couronne; toutes les querelles entre les deux pays,
tous les troubles qui ont compromis les finances
anglaises datent de cet évènement.

Les Stuarts mis hors de cause, les effets de
l'usurpation subsistent; le souvenir des revers
maritimes de Louis XV entraîne son petit-fils
dans l'alliance américaine; le ressentiment de
cette alliance engage l'Angleterre à favoriser la
faction d'Orléans et les premiers désordres de
notre révolution; celle-ci dépasse le but; l'Angleterre prend de nouveau les armes, pour ne
les quitter que vingt-deux ans après.

Ainsi, soixante ans de guerres et quarante milliards, voilà au juste ce qu'a pesé un Stuart!

Est-ce à dire que l'Angleterre dût se passer de sa Constitution, parce qu'il plaisait à Jacques II de l'enfreindre? aucunement : cela signifie que Jacques III, sous la régence de Guillaume, pouvait offrir les garanties désirables, et à moindres frais.

Le prince d'Orange lui-même le comprit : il proposa secrètement au roi Jacques de laisser la couronne à son fils; une impolitique fierté le repoussa. La reine Anne eut la même pensée; la mort et l'amour-propre des wighs y mirent obstacle; l'amour-propre coûte cher parfois!

Dira-t-on que malgré ses guerres et l'état de ses finances, l'Angleterre est parvenue à un haut point de prospérité? On dort au pied d'un volcan, mais on ne se réveille pas toujours.

L'Angleterre possède une prodigieuse industrie, de grandes fortunes et de profondes misères; sa vie passée nous est connue, son avenir nous échappe; elle n'a fait en Europe que des guerres heureuses, et elle eût infiniment plus gagné à ne les pas faire; elle doit ses succès à sa ceinture de mers. Puissance continentale, où en serait-elle?

C'est une folie de proscrire le fils pour la faute

du père, et de multiplier ainsi les dynasties; car en violant le droit établi, on n'en détruit pas les effets. Si Napoléon en 1804 avait eu un Stuart à sa disposition, qui sait ce qui fût advenu? S'il en existait un aujourd'hui, il serait demain roi d'Irlande.

Plus heureux que l'Angleterre, nous avons la paix, dira t-on; jusqu'à ce jour sans doute; que serait-ce si nous avions la guerre! Nous ne craignons pas la guerre civile; ce que nous craignons vaut-il mieux?

Notre politique extérieure a eu ses oscillations comme notre bourse; fiers quand la Russie fut embarrassée, depuis qu'elle ne l'est plus, nous sommes sages; cette sagesse forcée a été productive pour l'Europe.

La Russie s'est adjoint la Porte ottomane; elle s'est assuré l'alliance suédoise; elle a porté ses camps retranchés sur la Vistule; la Prusse a augmenté son influence par son traité de douanes, l'Autriche par son protectorat italien; les princes Allemands, soutenus autrefois par la France, font corps aujourd'hui contre elle; la Sardaigne nous tourne le dos; Naples ne fait guère mieux; la Suisse ballottée entre deux puissances, cèdera comme d'ordinaire à la plus forte. Pendant que l'Europe prenait ainsi position, qu'avons nous fait?

Nous avons été à Anvers; qu'en est-il résulté? des décorations de plus, des millions de moins, pas un effet politique.

Nous sommes encore à Ancône; pour une république avouée, la position est bonne; pour une république honteuse, elle n'est qu'irritante.

Nous occupons Alger; nous avons promis à l'Angleterre d'en sortir; si nous sommes infidèles, cette fois, c'est sans malice.

Reste le projet de la quadruple alliance, concerté avec la Grande-Bretagne et deux gouvernemens litigieux; c'est une communauté d'embarras qui ne produira rien, si la guerre n'en sort. Quel est son but cependant?

On a laissé périr un peuple au Nord, on essaie d'en tuer un au Midi; voilà pour le Portugal. Là, les aventuriers de dix nations se ruent contre une seule, sous le protectorat de deux grands pavillons; c'est une ignoble macédoine.

En Espagne comme en Portugal, on confisque au nom de la civilisation, on emprisonne, on tue au nom du libéralisme et de la philantropie. Le soir de la bataille de Dreux, le duc de Guise partagea son lit avec le prince de Condé. Dans le siècle des lumières, on règle autrement les comptes de la guerre civile: c'est le bourreau qui s'en charge.

Un gouvernement aux abois est un triste allié; on eût mieux fait d'adopter et de servir Charles V, tout légitime qu'il est; Napoléon ne s'informa point si Charles IV régnait au même titre que lui, mais s'il voulait aider la France ou lui nuire; ceci s'appelle de la politique d'intelligence; nous faisons de la politique d'instinct.

Toutes nos alliances actuelles sont des charges; il nous faut une armée pour appuyer Marie-Christine; une autre pour veiller sur la Belgique; encore, si nous gardons son territoire, nous ne défendons pas toujours sa dignité. Hier, en repoussant son ambassadeur, Berlin nous souffletait sur une joue belge; que faire à cela? rien; se féliciter des bonnes dispositions des puissances, et employer une belle armée à faire le guet!

SUITE DU PRÉCÉDENT.

Que dirai-je du régime intérieur, des lois, par exemple? si ce n'est que le pouvoir les observe quand il n'y voit pas d'inconvéniens; on vient de parler de leur triomphe à Lyon : voyons ce qui en est.

La loi sur la garde nationale est violée dans cette ville depuis dix-huit mois; si donc les ouvriers eussent pris les armes en invoquant cette

loi, sauf à crier *vive la république* après la victoire, ils eussent combattu pour la loi, ils eussent fait ce que les ouvriers de Paris on fait en 1830. Les Lyonnais ont manqué de méthode, c'est tout ce qu'on peut dire.

Il y a en France toute une population qui se passe de lois; celle-là n'en a que faire, elle est conquise. Dira-t-on qu'on lui laisse la liberté civile? non certes : quiconque n'est pas assuré de manger seul son souper, de coucher sous son toit, de se promener sans être chassé à tir, ne jouit pas apparemment de la liberté de la cité; c'est moins qu'un ilote, c'est un esclave payant l'impôt.

Je n'accuse pas les intentions, je ne mets point les hommes en cause; tout pouvoir nouveau est bienveillant; mais si sa nature est mauvaise, quoi qu'il veuille, ses actes démentiront ses intentions.

Qu'un gouvernement soit inhabile, malheureux, un changement de système, un retour de fortune y remédie; si son principe est mauvais, il fera le mal en voulant le bien, il aura ses jours fastes et néfastes; comme Sisyphe, il ne montera que pour redescendre, ce sera toujours à recommencer.

« On répare aisément les accidens de la for-

« tune, dit Montesquieu, on ne peut parer à des
« évènemens qui naissent continuellement de la
« nature des choses. »

Montesquieu a raison, nous l'éprouvons depuis
quatre ans.

On modère son principe, dit l'un, on le cor-
rige, on l'annule, dit l'autre ; c'est-à-dire qu'on
peut lutter contre les effets d'un mauvais principe : c'est ce qu'on tente aujourd'hui ; mais lutter, c'est combattre ; et qui fait les frais du
combat ?

N'est-ce pas le repos, l'or, le sang, la liberté
des peuples ?

D'autres nient que le pouvoir actuel ait un
mauvais principe ; si le principe est bon, c'est
donc le gouvernement qui ne l'est pas ; car il
n'est pas d'effets sans cause.

Il faut se mettre d'accord. Voilà un premier
dignitaire qui reconnaît la souveraineté du peuple, et conséquemment le principe républicain (1) ; voici un ministre qui ne reconnaît que
le principe monarchique, et qui s'indigne qu'on
ose le discuter (2).

Cette dissidence est anarchique ; lequel a raison cependant ? Le premier évidemment. Qu'est-

(1) M. Dupin.   (2) M. Guizot.

ce que le principe d'un pouvoir? C'est sa cause première, ce sont ses élémens.

Or, les élémens du gouvernement de 1830 sont-ils monarchiques ou républicains? Rapprochez le droit de proposer la loi du droit de refuser l'impôt, conférés à une assemblée élective, dans un pays sans aristocratie, et dites-nous ce qui peut sortir de cette combinaison?

Quelle est maintenant la cause première de la royauté du 9 août? est-ce l'hérédité?

Si ce n'est l'hérédité, c'est l'élection. Si c'est le peuple qui la fit, ou si on l'improvisa en son nom, sa volonté réelle ou supposée est incontestablement le principe du pouvoir actuel.

Ceci, dira-t-on, se retrouve à la naissance des monarchies et à l'extinction des races royales: d'accord; mais dans le premier cas, le peuple s'assemble pour faire la loi; dans le second, pour pourvoir à son application; on ne l'a fait intervernir en 1830 que pour la violer! La différence est sensible.

De ce qu'on a maintenu la loi salique, il n'en résulte pas qu'on ait maintenu l'hérédité; ce n'est pas la loi écrite, c'est la loi observée qui fait foi. Chassez, remplacez vos juges dans un jour de colère, et dites-nous que la magistrature est inamovible.

On a continué la royauté, mais non pas la monarchie; il y avait un roi à Varsovie, deux à Sparte; qu'était-ce que Sparte? une oligarchie. Que fut la Pologne? une aristocratie tumultueuse. Il y a un roi à Paris; qu'est-ce que la France? qu'on me passe ce plagiat : c'est un gâchis.

Je vois bien qu'on s'efforce de rassembler des décors et des matériaux pour reproduire la monarchie; c'est une vaine tentative. Les Arabes ont construit ambitieusement Bagdad des débris de Babylone, Bagdad n'est point Babylone.

Le gouvernement du 9 août est bien empêché; il dit qu'on peut désobéir à un roi nommé *Charles*, mais qu'il faut lui obéir s'il se nomme *Philippe*; qu'on put s'insurger en 1830, si le pouvoir viola deux lois, mais qu'il faut se tenir tranquille en 1834 s'il en viole deux autres; il est tout simple qu'il le dise; mais il voudrait le faire croire, et là est la difficulté.

Sa position est fausse de tous points. Pour parvenir il fallut flatter certaines théories, il fallut encourager certaines passions; pour se conserver, il faut flétrir ces théories, il faut combattre à outrance ces passions; toute folle que fut son action, je préfère Xercès faisant battre de verges le Pont-Euxin; car s'il fouettait les flots, il ne les avait pas soulevés.

En France, les mœurs et les intérêts sont monarchiques, les institutions et le principe sont républicains ; de là le conflit qui trouble les esprits ; les promesses faites, les espérances conçues en 1830 ont été magnifiques, les effets en ont été déplorables ; de là les mécontentemens qui remuent les passions.

Il y a péril aujourd'hui pour la fortune publique et pour la liberté ; la peur de l'anarchie pousse le pouvoir à tout obtenir, et les Chambres à tout accorder : le dix-septième siècle a offert le spectacle étrange d'un peuple libre se dépouillant de ses libertés, et créant le pouvoir absolu en haine de l'aristocratie : notre époque pourrait, si l'on n'y prend garde, reproduire ce phénomène ; il y a en France une classe d'hommes qui imiterait volontiers le Danemarck en haine de la république.

Cependant, ce n'est pas par le despotisme qu'on préserve la liberté, on ne prépare ainsi qu'une réaction nouvelle.

Ce n'est pas par des mesures irritantes qu'on calme les mécontentemens, ce n'est pas par le déficit qu'on prélude au bien-être des masses.

Les légitimistes ne peuvent rétablir le respect du pouvoir, car ils ne peuvent changer sa nature ni ses actes ; mais ils peuvent défendre la

fortune du pays, ils peuvent forcer le gouvernement à rapporter le régime monstrueux qui pèse
sur plusieurs provinces, ils peuvent fonder une
opposition rassurante pour la propriété, ils peuvent préparer de meilleures institutions et un
meilleur avenir. Si cette tâche est possible, n'est-
ce pas un devoir de l'entreprendre ?

DES EFFETS DE L'INTERVENTION DES LÉGITIMISTES DANS LES ÉLECTIONS.

Nous avons parlé des devoirs, parlons des
intérêts.

Le pouvoir en imposant le serment n'a pas
voulu éloigner définitivement les royalistes, car
il est impossible qu'une royauté quelconque puisse
se passer long-temps de leur concours ; il a seulement voulu les diviser, les annuler momen-
tanément, pour les rallier ensuite, mais un à
un, et en quelque sorte sous ses auspices.

Ce plan ne manque pas d'adresse ; il va se
trouver complètement déjoué.

Jusqu'à ce jour, les légitimistes ont suivi di-
verses routes ; le plus petit nombre a jugé la
portée du serment, et s'y est soumis ; le plus
grand nombre s'en est abstenu par conscience ;

cette dissidence ne pouvait se prolonger sans péril.

Il est impossible de se retrancher dans une réserve ainsi motivée, sans faire indirectement le procès à quiconque s'en est affranchi : l'armée, la magistrature, l'administration, toutes les professions soumises au serment comptent de nombreux amis de notre cause, et cependant il arrive souvent que notre présence les gêne, ils nous évitent comme on fuit un honnête créancier; le vote électoral et l'intervention des légitimistes dans les affaires feront cesser cet embarras, et rallieront les élémens épars d'une puissance incontestable.

Il y a plus : on se méprendrait, si l'on croyait la France hostile à nos principes; il est peu d'hommes de talens parmi nos adversaires actuels, qui ne les aient préconisés; il serait injuste et déraisonnable de supposer qu'ils s'imposassent alors un thème contraire à leur sens.

Les deux cent vingt-un en très-grande majorité pensaient ce qu'ils ont dit au roi de l'excellence de la légitimité, ils le pensent encore; la masse des Français qui réfléchissent le pense comme eux; il est impossible d'admettre qu'un homme de sens imbu d'une opinion fondée sur l'expérience, y renonce au moment même où une expérience nouvelle tend à la fortifier ; ce serait une honteuse dégradation.

Dans ce drame de quinze ans, quelques hommes sans doute ont masqué leur front, le plus grand nombre fut sincère ; c'est à l'entraînement des circonstances, c'est à la faiblesse de notre organisation, qu'il faut demander compte de leur conduite.

Mais si l'on prise le principe, on craint les hommes qui le professent ; on les craint d'autant plus qu'ils s'éloignent davantage ; on redoute les réactions et les influences. Il faut donc rassurer, et nous ne le pouvons faire, qu'en nous mêlant partout à la masse des hommes qui veulent le bien.

Nos journaux invitent et éclairent ; mais ils ne peuvent ni dissiper les appréhensions, ni même donner notre adresse. Où êtes-vous ? qui êtes-vous ? c'est à ces deux questions qu'il faut répondre.

Le seul rendez-vous possible c'est le terrain des élections ; la tribune seule peut montrer qui nous sommes.

Il faut se hâter de produire des députés concilians, habiles, complètement indépendans du pouvoir, qui montrent à la France quels seraient les hommes de l'avenir, si le présent venait à lui peser.

La société française est aujourd'hui divisée en trois partis; le plus fort sera en définitive celui qui recrutera le plus heureusement dans les deux autres; or, les rapprochemens, les transactions même ne sont possibles que par la communication des partis entre eux.

Depuis quatre ans, les feuilles légitimistes ont présenté la vérité sous toutes les faces; qu'en peut-il résulter? Rien, si l'on ne vote. La presse sème; c'est l'élection qui recueille.

L'éloquent avocat qui occupe une si belle place dans la première Chambre, eût écrit pendant deux ans sans gagner une obole à la patrie; un seul de ses discours lui a valu vingt-cinq millions!...

Jamais la tâche de l'opposition ne fut plus grande; jamais plus belle occasion ne peut s'offrir aux légitimistes pour y prendre place. Par une coïncidence heureuse, tous les intérêts qu'ils vont soutenir sont populaires. Le pouvoir du 9 août leur a fait un jeu superbe; ce serait folie de refuser les cartes!...

DE LA POSITION ACTUELLE DES LÉGITIMISTES.

Quand le Directoire voulut éloigner les roya-

listes, il les calomnia. Je crains fort que son se-
cret ne soit pas perdu!

Mais, il faut le dire, les circonstances sont
infiniment moins favorables à ce système.

Le Directoire disait que les royalistes vou-
laient déposséder les acquéreurs; c'était faux,
mais c'était spécieux. On ne pourrait faire aujourd'hui un pareil conte sans rire; c'est dom-
mage, car l'argument était bon.

Il disait que la noblesse ne travaillait que pour
le rétablissement de ses priviléges et du régime
féodal; on sait ce qu'il en est maintenant. Il y a
sans doute des nobles parmi nous : chacun est
fils de son père; ce qui ne l'empêche pas de
l'être aussi de ses œuvres. Il y a des hommes
titrés; mais, depuis la Charte, qu'est-ce qu'un
titre? C'est un fardeau, si ce n'est un frein. Ce
qui importe, ce n'est pas que nous dédaignions
un titre payé du sang de nos pères; c'est que
nous ne nous en prévalions pas. Or, un homme
à nos yeux pèse ce qu'il vaut, et nous l'avons
prouvé. On a vu, sous la restauration, l'arrière-
petit-fils d'un connétable de France s'éloigner
du service militaire, parce que la loi, une pour
tous, méconnaissait son écusson. Depuis quatre
ans, je l'ai vu fléchir sous de moindres noms.

Les légitimistes forment un parti politique qui

recrute dans tous les rangs, et dont la hiérarchie est exclusivement fondée sur le talent et sur l'honneur.

Le Directoire accusait les royalistes d'ambition et d'intrigue ; comment renouveler cette accusation contre des hommes qui ont eux-mêmes renoncé à leur carrière, au prix de leurs services, à leurs droits acquis ; qui non seulement ne veulent rien accepter du pouvoir actuel, mais qui n'en peuvent rien recevoir ? comment accuser d'intrigue des hommes qui, selon la pensée d'un poète illustre, ne veulent pas passer d'un palais dans l'autre ? Comment accuser d'ambition des hommes qui ferment leur porte au pouvoir, et qui n'iront jamais frapper à la sienne ? C'est une absurdité qui ne peut être d'aucun usage.

Le Directoire disait que, semblables aux cavaliers ennemis de Cromwell, les royalistes ne demandaient la liberté que pour en abuser au profit du despotisme ; cela se peut-il dire aujourd'hui ? Qui a donné la Charte ? qui a fondé le système parlementaire ? qui a garanti la liberté de la tribune, celle de la presse, la liberté individuelle, le droit de pétition ? N'est-ce pas le roi légitime ? Qui demandait, en 1816, l'abaissement du cens électoral et l'adjonction des corporations ? ne sont-ce pas les légitimistes ?

Comment persuadera-t-on que des hommes éclairés par l'expérience de deux révolutions ne sachent pas que le meilleur moyen de les éviter, c'est d'intéresser le plus de monde possible à ne les pas vouloir?

Enfin, le Directoire accusait les royalistes de connivence avec l'étranger. Nous sommes en paix aujourd'hui; les étrangers reconnaissent Louis-Philippe, et le complimentent au besoin. Ils ont raison peut-être; car ils n'eussent pas pris, sous le règne d'Henri V, les positions qu'ils occupent aujourd'hui. Les étrangers sont donc hors de cause. Serait-ce sur les précédens qu'on voudrait fonder cette calomnie? Mais l'ancienne société est mêlée ou morte; nous comptons dans nos rangs plus de soldats de Wagram que d'officiers de Weissembourg ou de Forbach. Si vous voulez me dire étranger, moi qui combattais les Anglais en Espagne, ferez-vous un Français du prince qui voulut s'y joindre à eux? Il faut abandonner toutes ces misères; elles sont usées ou dangereuses....

On les reproduit cependant, on recourt encore à cette arme émoussée qui ne blesse aujourd'hui que par la garde; mais la corde qu'on veut faire vibrer ne rend point de sons. Vainement pense-t-on opposer avec un mot les royalistes aux libéraux, et avec un autre les libéraux aux royalistes. *Cet art d'embarrasser la cervelle des hommes,* comme dit Machiavel, est impuissant désormais : le monde a vieilli, la politique du quinzième siècle aussi.

Je le répète, notre jeu est superbe. Qu'un républicain exige des économies : votre système, lui dira-t-on, a abouti à 45 milliards d'assignats et à la banqueroute ; ce ne sera pas une raison, mais ce sera une défaite : elle est impossible avec nous.

Nous ne demandons que ce que nous avons fait. Si Henri V régnait, les dépenses seraient réduites à 900 millions : il deviendrait donc possible d'employer les 80 millions d'excédent de recette au soulagement des classes ouvrières, tandis qu'au moyen d'une réduction de l'amortissement, nous ferions disparaître la dette flottante.

A cela, que répondre ? Qu'il ne s'agit pas d'Henri V, mais de Louis-Philippe. Sans doute ; mais pour nous, qui ne sommes que Français, il s'agit de la France. La royauté n'est point une pagode : c'est un intérêt ; elle n'a de prix que par le mal qu'elle épargne et par le bien qu'elle fait.

Que tel gouvernement soit plus nécessiteux que tel autre, parce qu'il est plus puissant, plus glorieux, plus respecté, parce qu'il rend en conquête ce qu'il demande en argent, je comprends cela.

Louis XIV laissa 2 milliards et demi de dettes; mais quand on évalua l'actif de sa succession, il fallut bien compter l'Alsace, la Flandre, l'Artois, la Franche-Comté, les colonies américaines et l'intronisation d'un Français en Espagne : la compensation avait son prix.

En est-il de même aujourd'hui? Si la Grèce était à affranchir, l'affranchirions-nous? si Alger était à conquérir, le conquerrions-nous? si Marie-Christine était renfermée à Cadix, irions-nous l'en arracher?

Cependant, le gouvernement actuel nous coûte 200 millions de plus par an que ne coûterait celui d'Henri V.

Ce surcroît de dépenses peut bien intéresser le pouvoir qui nous l'impose; pour la France, c'est différent : elle n'est pas obligée d'être régie par un nom plutôt que par un autre; ce qu'elle doit vouloir, c'est l'être bien et sans péril pour sa fortune.

Tout ce que le pays obtiendrait d'économie et de libertés profitables, si nos principes prévalaient, nous devons l'exiger du pouvoir actuel; c'est à la fois notre devoir et notre droit.

Si on n'accorde au gouvernement argent et

despotisme, l'anarchie prévaudra, dit-on. Il est absurde d'imaginer qu'il soit nécessaire de compromettre la fortune publique pour protéger la fortune privée. Nous savons, par expérience, qu'il est possible de faire de l'ordre à moindre prix. Le plus riche propriétaire de France le sait comme nous ; s'il sent le sol trembler, il avisera.

DE LA CONDUITE ET DES CHANCES ÉLECTORALES.

La cause de la légitimité est à jamais perdue, ont dit certains augures ; nous n'adoptons ni les illusions de l'optimisme ni le dogme absurde de la fatalité.

Nous pensons seulement que le mot *jamais* n'est pas français.

Nous croyons nos principes utiles ; nos convictions reposent sur des preuves. Quand il en sera temps, nous laisserons à nos anciens adversaires eux-mêmes le soin de les proclamer.

Ce ne fut ni le président Le Maître ni Jeanin qui ramenèrent Paris à la loi salique : ce fut un fougueux ligueur, Guillaume Rose...

Toujours est-il que, si nos principes prévalant, nous retrouvions quelque influence, loin de fonder un gouvernement de parti, nous nous placerions au milieu de tous les gens honnêtes et capables, sans examiner ce qu'ils ont fait, mais ce qu'ils veulent faire.

Ce système que nous suivrions après le succès dans le véritable intérêt de la France, nous devons le suivre aujourd'hui que le même intérêt nous presse ; car il ne faut nous isoler ni avant ni après.

Nous ne sommes hostiles à personne aujourd'hui. Sous l'influence d'un principe dangereux, les hommes ne se retrouvent plus ; les obstacles les irritent, les passions les entraînent : ils ne sont plus eux-mêmes. Les tenans du pouvoir, comme les libéraux qu'ils poursuivent, veulent le bien, sans doute, puisqu'ils sont Français, mais ils le veulent différemment. Obligés de choisir entre eux, nous devons nécessairement préférer ceux qui le veulent comme nous, et il faut le dire, comme la France doit le vouloir.

Nous ne pouvons voter ni la centralisation administrative, ni la ruine de nos finances, ni les lois d'exception, ni le système représentatif tel que nous le voyons pratiqué.

Notre opposition s'adressant aux choses et non aux personnes, ne peut céder dans aucun cas ; nous ne voterons donc jamais pour l'homme du pouvoir ; mais parmi ceux qui jusqu'ici lui don-

nèrent leurs voix pour ne les pas donner à la république, il en est sans doute un grand nombre
qui ne veulent ni décorations, ni places, ni bour-
ses collégiales, et dont le vote indépendant doit
vouloir ce que nous voulons; qu'ils viennent donc
à nous, qui tiendrons à honneur de justifier leur
choix.

Les légitimistes ne peuvent oublier que l'a-
mour-propre seul empêche des retours heureux;
c'est donc à ménager cet amour-propre que tous
leurs soins doivent tendre : leur opinion est
avouée et connue, le but de leur intervention
est rendu public; en votant ils ne trompent personne; leur loyauté est sauve. Si une nouvelle pro-
fession de foi explicative du vote électoral est ju-
gée nécessaire, qu'elle soit collective et publiée
avant la réunion des colléges.

Les légitimistes doivent se garder de prolonger par des manifestations individuelles les opé-
rations électorales; ils indisposeraient, en se sin-
gularisant ainsi, des alliés utiles, ils embarrasse-
raient des amis timides.

La loi leur est peu favorable; dans certaines
localités ils n'offriront qu'une faible minorité;
qu'ils se présentent néanmoins partout; il n'est
point d'édifice sans première pierre; une minorité convaincue et constante a toujours de la va-

leur ; elle ne peut rien perdre, et peut gagner.

Dans cette position, elle donne des voix ou en reçoit ; si elle n'en obtient, elle en déplace : c'est encore un succès.

L'opposition dans la Chambre élective se compose aujourd'hui de cent cinquante membres qui veulent l'économie dans les dépenses et la liberté dans les faits ; tous seront réélus. Le concours des légitimistes peut porter leur nombre à deux cents ; voilà la Chambre actuelle partagée.

Quel que soit leur nombre ensuite, les députés légitimistes se placent entre deux, et maîtres du mouvement de la balance, ils ne prennent pas le pouvoir, ils le donnent.

Qu'ils produisent dans le travail qui se prépare, leurs plus dignes magistrats, leurs savans jurisconsultes, leurs avocats les plus éloquens, leurs publicistes, leurs jeunes généraux, leurs administrateurs, leurs propriétaires les plus estimés ; par leur spécialité, ils auront de l'influence dans les commissions ; par la puissance de leur parole, ils en auront à la tribune : l'esprit de conduite fera le reste.

CONCLUSION.

Je viens de hasarder quelques réflexions, je les livre avec confiance au public, car mes intentions sont pures.

J'ai parlé des intérêts, ils me semblent graves.

Il ne faut pas, comme le Turc imbécille, se croiser mollement les jambes, et attendre le cou tendu, que le destin prononce.

Partout où l'action est honorable et utile, il faut agir.

J'ai parlé des devoirs, je les crois pressans.

Il ne faut pas confondre ce qui est d'opinion et ce qui est de principe; avant d'opposer sa conscience à celle d'autrui, il faut consulter des guides sûrs, s'interroger scrupuleusement soi-même, sonder l'influence qui arrête; si c'est l'honneur, il lui faut obéir; si c'est l'amour-propre, il le faut vaincre.

FIN.

PARIS, IMPRIMERIE-LIBRAIRIE DE G.-A. DENTU,
rue d'Erfurth, n° 1 *bis*.

www.ingramcontent.com/pod-product-compliance
Lightning Source LLC
Chambersburg PA
CBHW061649060726
47597CB00005B/2088